EPITRES NOUVELLES DE M^R. ROUSSEAU.

A AMSTERDAM,

Chez FRANÇOIS CHANGUION.

MDCCXXXVII.

EPITRE VII.

AU R. P. BRUMOY,

Auteur du Théatre des Grecs.

OUI, cher Brumoy, ton immortel Ouvrage
Va deformais diffiper le nuage,
Où parmi nous le Théatre avili,
Depuis trente ans femble être enfeveli ;
Et l'éclairant de ta noble lumiere,
Lui rendre enfin fa dignité premiere.
De fes débris zelé reftaurateur,
Et chez les Grecs hardi navigateur,
Toi feul as fçu dans ta pénible courfe
De fes beautez nous déterrer la fource,
Et démêler les détours finueux
De ce Dédale oblique & tortueux,

Ouvert jadis par la ſœur de Thalie
Aux ſeuls Auteurs du Cid & d'Athalie;
Mais après eux, hélas! abandonné
Au goût pervers d'un ſiecle efféminé,
Qui ne prenant pour conſeil & pour guide
Que les leçons de Tibulle & d'Ovide,
Et n'eſtimant dignes d'être applaudis
Que des Héros par l'amour affadis,
Nous a produit cette foule incommode
D'Auteurs glacez, qui ſéduits par la mode
N'expoſent plus à nos yeux fatiguez
Que des Romans en vers dialoguez;
Et d'un fatras de rimes accolées
Aſſaiſonnant leurs fadeurs ampoulées,
Semblent vouloir par d'immuables loix
Borner tout l'art du Théatre François
A commenter dans leurs ſcenes dolentes
Du doux Quinaut les Pandectes galantes.
Mais de ce ſtile éflanqué, ſans vigueur,
J'aime encor mieux l'inſipide langueur,
Que l'emphatique & burleſque étalage
D'un faux Sublime enté ſur l'aſſemblage
De ces grands mots, clinquant de l'oraiſon,
Enflez de vent & vuides de raiſon,

Dont

Dont le concours diſcordant & barbare
N'eſt qu'un vain bruit, une ſotte fanfare,
Et qui par force & ſans choix enrollez
Hurlent d'effroi de ſe voir accouplez.
Ce n'eſt pourtant que ſur ces balivernes
Qu'un fol eſſain d'Euripides modernes,
Creux au dedans, bourſoufflez au dehors,
S'eſt mis en droit, prodiguant ſes accords,
D'importuner de ſa voix imbécille
Et le Théatre, & la Cour, & la Ville.
Quoi? diras-tu, ce privilege exquis
D'un vœu commum leur feroit-il acquis?
Le goût public auroit-il par mégarde
Reçu ſa loi du leur? Dieu nous en garde!
Il eſt encor des Juges éclairez,
Des eſprits ſains, & des yeux épurez,
Pour diſcerner par un choix équitable
L'or de billon d'avec l'or véritable:
N'en doutons point; mais à parler ſans fard,
Leur petit nombre extrait & mis à part,
Que reſte-t-il? qu'un tas de vains Critiques,
D'eſprits legers, de cerveaux fantaſtiques,
Du faux mérite Orateurs dominans,
Fades loueurs, cenſeurs impertinens,

Comptant pour rien justesse, ordre, harmonie,
Et confondant sous le nom de génie
Tout mot nouveau, tout trait alambiqué,
Tout sentiment abstrait, sophistiqué,
Toute morale insipide & glacée,
Toute subtile & frivole pensée;
Du sens-commum déclarez ennemis,
Et de l'esprit adorateurs soumis:
Car c'est l'esprit qui sur-tout ensorcelle
Nos Raisonneurs à petite cervelle,
Linx dans le rien, taupes dans le réel,
Dont l'œil aigu, perçant, surnaturel,
Voyant à plein mille taches pour une
Dans le Soleil, n'en voit point dans la Lune.
Voilà quel est le Tribunal prudent
De nos Prévôts du Pinde. Cependant
Si devant eux commençant sa carriere,
D'un jeune Auteur la Muse avanturiere
Vient à s'ouvrir quelque obligeant accès,
Et peut enfin par un heureux succès
Dans les rayons de ces grands météores
Faire briller ses débiles phosphores,
Dieu sçait l'orgueil où prompt à se flater
Notre étourdi va se précipiter.

C'étoit

C'étoit d'abord un aſpirant timide,
C'eſt maintenant un Docteur intrépide;
Et non content d'inonder tout Paris
D'un Océan de perfides écrits,
Et d'étouffer ſes Libraires crédules
Sous des monceaux de papiers ridicules;
Tels qu'on pourroit, ſi la Cour des neuf Sœurs
Pour la Police avoit ſes Aſſeſſeurs,
Ses Sanhédrins & ſes Aréopages,
Le bruler vif dans ſes propres ouvrages:
En ſes accès je ne vous répons pas
Qu'ayant déja mis le bon-ſens à bas,
Il n'entreprenne avec la même audace
De renverſer tout l'ordre du Parnaſſe,
Et que la Rime attaquée en ſon Fort
De la Raiſon n'éprouve auſſi le ſort.
Et pourquoi non? n'a-t-il pas ſes Alcides?
Et ſans compter tant d'illuſtres ſtupides,
Tant d'Aigrefins ſur le Parnaſſe errans,
Et tant d'Abbez doctement ignorans;
Pour s'épauler d'un garant moins indigne,
Ne peut-il pas citer l'exemple inſigne
D'un nourriſſon du Parnaſſe avoué,
Qui quelquefois dans ſon ſtile enjoué

Sçut accorder, quoiqu'avec retenue,
Quelque licence à sa Muse ingénue?
Oui, j'en conviens : mais pour t'humilier
Appren de moi, sourcilleux écolier,
Que ce qu'on souffre, encore qu'avec peine,
Dans un Voiture ou dans un La Fontaine,
Ne peut passer, malgré tes beaux discours,
Dans les essais d'un Rimeur de deux jours :
Que la licence, humble, abjecte & soumise,
Au rang des loix ne sçauroit être admise :
Qu'un sage Auteur qui veut se faire un nom
Peut en user, mais en abuser, non ;
Et que jamais, quelque appui qu'on lui prête,
Mauvais Rimeur n'a fait un bon Poëte.
Que La Fontaine ait donc, je le veux bien,
De quelque règle étendu le lien ;
Pour abolir toute loi prononcée,
En est-ce assez de l'avoir transgressée?
Et puis d'ailleurs, par où t'es-tu flatté
Qu'en l'imitant par son mauvais côté,
Tu tireras de ta chétive Muse
Tout l'excellent qui lui tient lieu d'excuse?
Trouveras-tu, raisonnons de sang froid,
Dans les tiroirs de ton génie étroit

Ces

Ces grands pinceaux dont sa main toujours sure
Peignit si bien les traits de la nature?
Sauras-tu, dis-je, ayant bien consulté
Son coloris & sa naïveté,
Dans tes tableaux sous cent nouvelles faces
Nous présenter toujours les mêmes graces,
Et comme lui par cet art enchanteur
Trouver la clé de l'ame du Lecteur?
Bon, dira-t-il! le plaisant parallelle!
Le bel emploi pour ma lyre immortelle!
Outre qu'il est d'un Maitre tel que moi
De ne connoitre autre guide que soi,
De s'éloigner des routes anciennes,
Et de n'avoir de règles que les siennes,
J'ai pris un vol qui m'éleve au dessus
De la nature & des communs abus;
Et le bon-sens, la justesse, & la rime
Dégraderoient mon tragique Sublime.
Si ce n'est-là sa réponse, du moins
C'est sa pensée; & j'en ai pour témoins
Ces vers bouffis où sa Muse hydropique
Nous dévelope en stile magnifique
Tout le phébus qu'on reproche à Brebeuf,
Enguenillé des rimes du Pont-Neuf.

Déja tout fier de ſon propre ſuffrage,
En plein théatre étalant ſon plumage,
Il ſe panade, & voit le Ciel ouvert
Dans ſon azur au grand jour découvert:
Et par hazard ſi quelque aſtre propice
Vient s'en mêler, & fait entrer en lice
Pour l'appuyer, quelque étourneau titré,
Quelque veau d'or par Plutus illuſtré,
Ou quelque Fée autrefois Sœur profeſſe
Dans Amathonte, aujourd'hui Mere Abbeſſe;
Incontinent vous l'allez voir s'enfler
De tout le vent que peut faire ſouffler
Dans les fourneaux d'une tête échauffée
Fatuité ſur ſottiſe greffée.
Ouvrez les yeux, ignorans ſectateurs
De mes groſſiers & vils compétiteurs.
Ils tirent tous leur lumiere débile
Des vains ſecours d'une étude ſtérile:
Pour moi, l'éclat dont je brille aujourd'hui
Vient de moi ſeul, je ne tiens rien d'autrui.
Mon Apollon ne règle point ſa note
Sur le clavier d'Horace & d'Ariſtote.
Sophocle, Eſchile, Homere ni Platon
Ne m'ont jamais rien appris. Vraiment non.

On

On le voit bien : mais ce qu'on voit encore,
C'eſt que vos fleurs n'ont vêcu qu'une Aurore,
Que votre éclat n'eſt qu'un feu de la Nuit
Qui diſparoît dès que le Soleil luit,
Et qu'un ſeul jour détruiſant vos chimeres
Détruit auſſi vos lauriers éphémeres.
Car ſi jamais de ſes erreurs abſous
L'œil du Public vient à s'ouvrir ſur vous,
Tel dont jadis les faveurs obtenues
Par vanité vous portoient juſqu'aux nues,
Par vanité mettra tous ſes ébats
A vous coeffer du bonnet de Midas,
Et devant lui votre gloire ternie
Ne ſera plus qu'un objet d'ironie.
Voilà le ſort & le fatal écueil
Où tôt ou tard vient échouer l'orgueil
De tous ces Nains, petits Géans précoces
Que leurs flatteurs érigent en Coloſſes,
Mais qu'à la fin le bon-ſens fait rentrer
Dans le néant dont on les ſçut tirer.
Dans le néant? dira quelqu'un peut-être:
Pourquoi vouloir anéantir leur Etre?
Lorſqu'un Auteur du Public abjuré
Voit contre lui tout bon vent déclaré,

Il peut, ailleurs dirigeant ſa bouſſole,
Tenter encor le caprice d'Eole,
Dans la Tribune achalander ſon art,
De la Queſture arborer l'étendart;
Ou chez un Grand par qui tout ſe gouverne
Briguer le rang d'Important ſubalterne.
Oui-da. Je ſai qu'un mérite commun
Par cent moyens, ſi ce n'eſt aſſez d'un,
Peut s'élever au rang qu'on lui dénie.
Je ſai de plus que le même Génie
Qui dans un art ſçut nous faire exceller,
Peut dans tout autre encor nous ſignaler.
Mais une fois que la fureur d'écrire
A par malheur établi ſon empire
Dans le cerveau d'un Rimeur aveuglé,
Vuide de ſens, & de ſoi-même enflé;
C'eſt une gale, un ulcere tenace,
Qui de ſon ſang corrompt toute la maſſe,
Endort ſon ame, & lui rend ennuyeux
Tout exercice honnête & ſérieux.
Jouet oiſif de ſon talent futile,
N'en attendez rien de bon & d'utile,
Séduit ſur tout, & gâté chaque jour
Par l'amidon des Parfumeurs de Cour.

Car

Car c'eſt vous ſeuls, excuſez ma franchiſe,
Meſſieurs les Grands, par qui s'immortaliſe
Dans ſon eſprit l'incurable travers
Qui l'abrutit dans l'amour de ſes vers.
A votre rang meſurant vos louanges,
Il croit parler la langue des Arcanges;
Ce don céleſte eſt un ſacré dépôt
Dont il doit compte au Public. Et bien-tôt
Nous l'allons voir au ſommet du Parnaſſe
A chaque Auteur diſtribuant ſa place,
Dicter de là ſes dogmes étourdis,
Et faire en loi paſſer tous ſes Edits,
Omologuez ſelon ſa fantaiſie
Au Tribunal de votre Courtoiſie.
Car pour le peu que quelque trait ſaillant,
Quelque antitheſe ou quelque mot brillant,
D'un vain éclair de lumiere imprévue
Vienne éblouïr votre débile vue,
C'en eſt aſſez; tout le reſte va bien.
Le mot fait tout, la choſe ne fait rien.
C'eſt un Oracle, un Héros, un modèle.
Modèle ſoit : mais le Public rebelle
Examinant votre petit Héros
Sur ſon mérite & non ſur vos grands mots,

Dévoile enfin tout son charlatanisme;
Et ce Public, fléau du pedantisme,
N'épargne pas quand l'écrit est jugé,
Le Protecteur plus que le protegé.
Il vous apprend qu'un ignorant suffrage
N'est pas moins sot qu'un ignorant ouvrage:
Que les grands airs & le ton emphasé
Au sens-commun n'ont jamais imposé:
Qu'un Courtisan, qu'un Magistrat habile,
Qu'un Guerrier même, un Hector, un Achille,
En fait de goût n'est pas plus compétant
Qu'en fait de guerre un Auteur éclatant:
Mais que l'orgueil qu'un Mérite suprême
Peut excuser, devient la fadeur même
Dans le babil d'un petit triolet
De marmousets, pedans à poil folet,
Qui sans sçavoir, sans règles, sans principes,
Du bel-esprit se font les Prototypes,
Tranchent sur tout, & veulent à tout prix
Nous enseigner ce qu'ils n'ont point appris.
C'est la leçon que vous fait la Critique.
Et pour vous faire un tableau dramatique
Des contretems & du sort déplaisant
A quoi s'expose un esprit suffisant,

Qui

Qui ſoutenu du vent de ſa chimere,
Pour s'élever ſort de ſon atmoſphere,
Je finirai ce propos ingénu
Par le récit d'un conte aſſez connu,
Qu'au bon vieux tems d'un crayon moins profane
Maitre Louis mit en rime Toſcane.
Un Noble fut dans Veniſe eſtimé,
Qui Général de l'Etat proclamé,
Abandonnant & gondole & chaloupe
En Terre ferme alla joindre ſa Troupe;
Et fierement ſur un cheval Danois
Se fit grimper pour la premiere fois.
A peine aſſis ſur le courſier ſublime,
Des éperons coup ſur coup il s'eſcrime;
Puis le voyant faillir un peu trop fort,
Retire à lui la bride avec effort.
Dans ce conflict ſans ralentir ſon zèle
Notre Ecuyer voltigeoit ſur la ſelle,
Faiſant ſervir à ſes vœux incertains
Tantôt la botte, & tantôt les deux mains.
Tant qu'à la fin l'affligé Bucéphale,
Qui ſaccadé par la bride fatale
Se ſent encor diffamer les côtez
Par deux talons de pointes ergotez,

Las de porter un ſi rude Alexandre,
Et ne ſachant des deux auquel entendre,
De l'éperon qui le preſſe d'aller,
Ou du bridon qui le fait reculer,
Prend ſon parti, ſaute, bondit, s'anime,
Se dreſſe; & jette à bas l'Illuſtriſſime,
Homme & cheval roulant ſur les cailloux,
Cheval deſſus, & Monſeigneur deſſous.
Ah, dit-il lors! mon malheur ſert d'école
A tout Galand, qui né pour la gondole
S'expoſe à mettre un pied dans l'étrier.
Chacun doit faire ici-bas ſon métier.

EPITRE VIII.

A THALIE.

SI je voulois, ambitieux Critique
Réduire en art la Comédie antique,
Et débrouiller ses mysteres divers;
J'adresserois ma priere & mes vers
A ce Génie autrefois par Terence
Emancipé non loin de sa naissance,
Puis tout à coup de son domaine exclus,
Evanouï trois cens lustres & plus.
Mais aujourd'hui que l'art d'un nouveau Maître
Le plus fameux que la Scene ait vû naître,
De ce Génie abattu de langueur
A rajeuni la force & la vigueur;
Pour expliquer les loix qu'il a tracées,
Par-tout, hélas! déja presque effacées,
Et pour vanger leur empire abjuré,
De quel flambeau pourrois-je être éclairé

Que des rayons de la Muſe elle-même
Qui de ſon art lui traça le ſyſtême,
Et l'inſpirant lui ſçut tout à la fois
Faire connoître & pratiquer ſes loix?
C'eſt donc à vous, ô divine Thalie,
A m'enſeigner comment s'eſt rétablie
Sous un mortel guidé par votre main
L'intégrité du Théatre Romain;
Et par quel ſort jaloux de notre gloire,
De vos leçons banniſſant la mémoire,
Tout de nouveau nous le faiſons rentrer
Dans le cahos dont il ſut ſe tirer.
De ce progrès, de cette décadence
L'effet certain s'offre avec évidence.
Tâchons ici d'en marquer, s'il ſe peut,
Le vrai principe & l'inviſible nœud.

Tout inſtitut, tout art, toute police
Subordonnée au pouvoir du caprice,
Doit être auſſi conſéquemment pour tous
Subordonnée à nos differens goûts.
Mais de ces goûts la diſſemblance extrême,
A le bien prendre, eſt un foible problême,
Et quoi qu'on diſe, on n'en ſauroit jamais
Compter que deux; l'un bon, l'autre mauvais.

Par

Par des talens que le travail cultive,
A ce premier pas à pas on arrive;
Et le Public, que ſa bonté prévient,
Pour quelque tems s'y fixe & s'y maintient.
Mais éblouïs enfin par l'étincelle
De quelque mode inconnue & nouvelle,
L'ennui du beau nous fait aimer le laid,
Et préférer le moindre au plus parfait.
Par les Romains, chez les Grecs empruntée,
L'Architecture au plus haut point portée.
Fait admirer encor dans ſes débris
Son goût docile à ſes Maîtres chéris.
Elle ſçut même enchérir ſur leurs graces:
Mais ce ne fut qu'en marchant ſur leurs traces,
Et ſans riſquer ſes pas avanturez
Dans des ſentiers de leur route égarez.
Ainſi par eux s'élevant ſur eux-même
Elle eût toujours jouï du rang ſuprême
Et des honneurs à ſes travaux aquis,
Si ce fléau des arts les plus exquis,
Ce corrupteur des ſages diſciplines,
Cet ennemi des plus pures doctrines,
L'orgueil aveugle, & l'amour entêté
Du changement & de la nouveauté,

Lui

Lui préſentant ſes perfides amorces
N'eût par degrez miné toutes ſes forces,
Et d'un corps mâle & d'embonpoint orné
Fait un ſquelette aride & décharné.
On vit dès-lors ſon arrogance énorme
Fronder le goût de l'antique uniforme.
Toujours même art, mêmes dimenſions,
Mêmes contours, mêmes proportions:
Temples, Palais, Places, Maiſons privées,
Friſes, Frontons, Colonnes élevées
Sur même plan & ſur même niveau;
Et nul deſſein, nul agrément nouveau?
Affranchiſſons de cette tyrannie,
Il en eſt tems, notre libre génie.
Cette façade, y compris chaque flanc,
A, dites-vous, cent colonnes de rang?
Varions-la: diſtinguons-les entre elles
Par cent hauteurs, par cent formes nouvelles.
Ce grand Portail d'ornemens dégarni,
Plus ouvragé paroîtra moins uni.
Cet Ordre eſt ſimple & tout d'une parure?
Entaſſons-y figure ſur figure.
Ce mur avance? il le faut enfoncer.
Ce toit s'éleve? il le faut rabaiſſer.

Il faut enfin dans ſa pedanterie
Laiſſer vieillir la froide ſymétrie:
Par ce moyen, loin d'être imitateurs,
Nous deviendrons d'illuſtres inventeurs.
Cette peinture eſt l'image hiſtorique
Des changemens de la Muſe comique.
Telle en ce ſiecle aux nouveautez enclin
Fut ſa fortune, & tel eſt ſon déclin.
De ſon Génie éteint avec les Graces
Il ne reſtoit ni veſtiges ni traces,
Avant qu'Armand heureux à tout tenter
Eût entrepris de le reſſuſciter:
Mais ce Génie alors en ſon enfance,
Dans ſon berceau, dépourvu d'aſſiſtance,
Faute d'un Maître habile à l'eſſayer,
N'avoit encore appris qu'à bégayer:
Lorſqu'aſſiſté de Terence & de Plaute
Moliere vint, dont la voix ferme & haute
Lui fit d'abord par de juſtes leçons
Articuler & diſtinguer ſes ſons.
Bien-tôt après ſur ſes avis fidèles
S'apprivoiſant avec ces grands modèles,
Et dans leur lice inſtruit à s'exercer,
Il apprit d'eux l'art de les devancer:

Sous

Sous ce grand homme enfin la Comédie
Sçut arriver justement applaudie
A ce point fixe où l'art doit aboutir,
Et dont sans risque il ne peut plus sortir.
Ce fut alors que la Scene féconde
Devint l'école & le miroir du monde ;
Et que chacun, loin d'en être choqué,
Fit son plaisir de s'y voir démasqué.
Là le Marquis figuré sans emblême
Fut le premier à rire de lui-même;
Et le Bourgeois apprit sans nul regret,
A se moquer de son propre portrait.
Le sot Savant; la docte Extravagante,
La Précieuse & la Prude arrogante,
Le faux Dévot, l'Avare, le Jaloux,
Le Médecin, le Malade; enfin tous
Chez une Muse en passe-tems fertile
Vinrent chercher un passe-tems utile.
Les beaux discours, les grands raisonnemens,
Les lieux communs, & les beaux sentimens
Furent bannis de son joyeux domaine,
Et renvoyez à sa sœur Melpomene;
Bref sur un thrône au seul Rire affecté
Le Rire seul eut droit d'être exalté.

C'est

C'eſt par cet art qu'elle charma la Ville,
Et que toujours renfermée en ſon ſtile,
A la Cour même où ſur-tout elle plut,
Elle atteignit ſon véritable but.
Quand tout à coup la licence fantaſque
Levant ſur elle un poignard Bergamaſque,
Vint à nos yeux de ſes membres hachez
Eparpiller les lambeaux détachez,
Et ſur la Scene, ô honte du Parnaſſe!
Reſſuſciter le vieux monſtre d'Horace.
Mais non: la Muſe étoit en ſureté,
Et ſon nom ſeul pouvoit être inſulté.
Que peut contre elle un fantôme ſtérile,
De l'Italie engeance puérile?
Ce n'eſt pas lui de qui l'effort jaloux,
Nymphe immortelle, eſt à craindre pour vous.
Ce que je crains c'eſt ce funeſte guide,
Cet enchanteur de nouveautez avide,
Qui ne penſant qu'à vous aſſaſſiner,
Du grand chemin cherche à vous détourner,
Et vous conduit à votre ſépulture
Par des ſentiers de fleurs & de verdure.
C'eſt lui qui maſque & déguiſe en phébus
Vos traits naïfs & vos vrais attributs;

C'eſt lui chez qui votre joye ingénue
Languit captive & preſque méconnue,
Dans ces atours recherchez & fleuris
Qui ſemblent faits pour les ſeuls Beaux-Eſprits,
Et dont tout l'art qu'en bâillant on admire
Arrache à peine un froid & vain ſourire:
Enfin c'eſt lui qui de vent vous nourrit,
Et qui toujours courant après l'eſprit,
De Malebranche éleve fanatique
Met en crédit ce jargon dogmatique,
Ces argumens, ces doctes Rituels,
Ces entretiens fins & ſpirituels,
Ces ſentimens que la Muſe tragique
Non ſans raiſon réclame & revendique,
Et dans leſquels un Acteur charlatan
Du cœur humain nous décrit le Roman.
Hé ventrebleu! Pédagogue infidelle,
Décri-nous-en l'hiſtoire naturelle,
Diroit celui par qui l'Homme au ſonnet
Eſt renvoyé tout plat au cabinet:
Expoſe-nous ſes délires frivoles
En actions, & non pas en paroles;
Et ne vien plus m'embrouiller le cerveau
De ton Sublime auſſi triſte que beau.

L'art

L'art n'eſt point fait pour tracer des modèles,
Mais pour fournir des exemples fidèles
Du ridicule & des abus divers
Où tombe l'homme en proye à ſes travers.
Quand tel qu'il eſt on me l'a fait paroître,
Je me figure aſſez quel je dois être,
Sans qu'il me faille affliger en public
D'un froid ſermon paſſé par l'alembic.
Loin tout Rimeur enflé de beaux paſſages,
Qui ſur lui ſeul moulant ſes perſonnages,
Veut qu'ils aient tous autant d'eſprit que lui,
Et ne nous peint que ſoi-même en autrui.
Je puis du moins admettre une folie
Qui ſert de cure à ma mélancolie,
Et m'égayer dans le jeu naturel
D'un Trivelin qui ſe donne pour tel :
Mais un Boufon qui lorſque je veux rire
Fait le Sophiſte & prétend que j'admire
Son beau langage & ſa ſubtilité ;
A dire vrai, le Bon-ſens revolté
Perd patience à ce babil myſtique,
Et s'accommode encor moins d'un comique
Dont la froideur tient la joye en échec,
Que d'un tragique où l'œil demeure à ſec.

Quoi ?

Quoi ? dira-t-on, l'esprit à votre compte
Ne peut donc plus servir qu'à notre honte ?
C'est un faussaire, un prévaricateur,
De toute règle éternel infracteur,
Et qu'Apollon suivant votre hypothese
Devroit chasser du Pinde ? A Dieu ne plaise !
Je sai trop bien qu'un si riche ornement
Est de notre art le premier instrument,
Et que l'esprit, l'esprit seul peut sans doute
Aux grands succès se frayer une route.
Ce que j'attaque est l'emploi vicieux
Que nous faisons de ce présent des Cieux.
Son plus beau feu se convertit en glace,
Dès qu'une fois il luit hors de sa place ;
Et rien enfin n'est plus froid qu'un écrit
Où l'esprit brille aux dépens de l'esprit.
Au haut des airs le vol de ma pensée
Peut m'élever : mais sans le caducée
De la Raison, cet essor ne me sert
Q'à prolonger une erreur qui me perd :
Comme un coursier que le voyageur yvre
A dérouté du chemin qu'il doit suivre,
Plus il est prompt, diligent & soudain,
Plus il s'éloigne & se fatigue en vain.

N'allons

N'allons donc plus, déſerteurs de nos Peres,
Sacrifier à nos propres chimeres ;
Et ſans riſquer un honteux démenti,
Tenons-nous-en, c'eſt le plus ſûr parti ;
Au droit chemin tracé par nos Ancêtres.
Tel mépriſant l'exemple de ſes Maîtres
Dans ſon idée en croit être plus grand,
Qui dans le fond n'en eſt que different.
Au ſuc exquis d'un aliment ſolide
Pourquoi mêler notre ſel inſipide ?
Si le Génie en nous ſe fait ſentir.
Et de priſon ſe prépare à ſortir,
Laiſſons agir ſon naturel aimable ;
Sans abſorber ce qu'il a d'eſtimable
Dans une mer de frivoles langueurs ;
Dans ce fatras de morale ſans mœurs,
De véritez froides & déplacées,
De mots nouveaux, & de fades penſées
Qui font briller tant d'Auteurs importuns,
Toujours louez des connoiſſeurs communs,
Et qui pis eſt, louez par l'endroit même
Qui du Bon-ſens mérite l'anathême.
Car tout novice en diſant ce qu'il faut
Ne croit jamais s'élever aſſez haut.

C'est en disant ce qu'il ne doit pas dire,
Qu'il s'éblouït, se délecte & s'admire:
Dans ses écarts non moins présomptueux
Qu'un indigent superbe & fastueux,
Qui se laissant manquer du nécessaire
Du superflu fait son unique affaire.
A nos Auteurs ce n'est point, entre nous,
L'esprit qui manque: ils en ont presque tous;
Mais je voudrois dans ces nouveaux adeptes
Voir une humeur moins rétive aux préceptes
Qui du Théatre ont établi la Loi.
Ils en auroient mieux profité que moi:
Mais tout compté, je crois, Dieu me pardonne,
Que si j'étois pourvu, moi qui raisonne,
D'autant d'esprit qu'ils en ont en effet,
Je ferois mieux peut-être qu'ils n'ont fait.
Encore un mot à ces Esprits séveres,
Qui du beau stile Orateurs somniferes
M'allégueront peut-être avec hauteur
L'autorité de cet illustre Auteur,
Qui *dans le sac où Scapin s'envelope*
Ne trouve plus l'Auteur du Misantrope.
Non, il ne put l'y trouver, j'en convien:
Mais ce grand Juge y retrouva fort bien

Le

Le Grec fameux qui ſçut en perſonnages
Faire jadis changer juſqu'aux nuages,
Un chœur d'oiſeaux en peuple reveré,
Et Plutus même en Argus éclairé.
Ariſtophane auſſi bien que Menandre
Charmoit les Grecs aſſemblez pour l'entendre;
Et Raphaël peignit ſans déroger
Plus d'une fois maint groteſque leger.
Ce n'eſt point-là flétrir ſes premiers rôles,
C'eſt de l'eſprit embraſſer les deux poles,
Par deux chemins c'eſt tendre au même but,
Et s'illuſtrer par un double attribut.
Songez-y donc, chers enfans d'une Muſe
Qui cherche à rire & que la joye amuſe.
Depuis cent ans deux Théatres chéris
Sont conſacrez l'un aux Pleurs, l'autre aux Ris.
Sans les confondre, il faut tâcher d'y plaire,
Si toutefois vous n'aimez pas mieux faire
(Pour diſtinguer votre ſçavoir profond)
Rire au premier & pleurer au ſecond.

EPITRE IX.

A MONSIEUR ROLLIN.

DOCTE héritier des Trésors de la Grece,
Qui le premier par une heureuse adresse
Sçus dans l'histoire associer le ton
De Thucydide à la voix de Platon :
Sage Rollin : quel esprit sympathique
T'a pu guider dans ce siécle critique,
Pour échaper à tant d'essains divers
D'âpres Censeurs qui peuplent l'Univers ?
Toujours croissant de volume en volume,
Quel bon génie a dirigé ta plume ?
Par quel bonheur enfin ou par quel art
As-tu forcé le volage Hazard,
L'aveugle Erreur, la Chicane insensée,
L'Orgueil jaloux, l'Envie interessée,
De te laisser en pleine sureté
Jouïr vivant de ta posterité,

Et de changer pour Toi ſeul, ſans mêlange,
Leurs cris d'angoiſſe en concert de louange ?
Tout écrivain vulgaire ou non commun
N'a proprement que de deux objets l'un :
Ou d'éclairer par un travail utile,
Ou d'attacher par l'agrément du ſtile :
Car ſans cela quel Auteur, quel écrit
Peut par les yeux percer juſqu'à l'eſprit ?
Mais cet eſprit lui-même en tant d'étages
Se ſubdiviſe à l'égard des ouvrages,
Que du public tel charme la moitié,
Qui très ſouvent à l'autre fait pitié.
Du Sénateur la gravité s'offenſe
D'un agrément dépourvu de ſubſtance ;
Le Courtiſan ſe trouve effarouché
D'un ſérieux d'agrément détaché ;
Tous les Lecteurs ont leurs goûts, leurs manies,
Quel Auteur donc peut fixer leurs génies ?
Celui-là ſeul qui formant le projet
De réunir & l'un & l'autre objet,
Sçait rendre à tous l'utile délectable,
Et l'attrayant utile & profitable :
Voilà le centre & l'immuable point
Où toute ligne aboutit & ſe joint.

Or ce grand but, ce point mathématique
C'eſt le vrai ſeul, le vrai qui nous l'indique;
Tout hors de lui n'eſt que futilité,
Et tout en lui devient ſublimité.
Sur cette règle, ami, le moindre Oedipe
Peut deviner la ſource & le principe
De ce ſuccès qui pour toi parmi nous
Accorde, unit & fixe tous les goûts.
La vérité ſimple, naïve & pure,
Par-tout marquée au coin de la nature,
Dans ton hiſtoire offre un ſublime eſſai
Où tout eſt Beau parce que tout eſt Vrai:
Non d'un vrai ſec & crûment hiſtorique:
Mais de ce vrai moral & théorique,
Qui nous montrant les hommes tels qu'ils ſont,
De notre cœur nous découvre le fond,
Nous peint en eux nos propres injuſtices,
Et nous fait voir la vertu dans leurs vices.
C'eſt un Théatre, un ſpectacle nouveau,
Où tous les morts ſortant de leur tombeau
Viennent encor ſur une ſcène illuſtre
Se préſenter à nous dans leur vrai luſtre;
Et du Public dépouillé d'interêt,
Humbles Acteurs, attendre leur Arrêt.

Là

Là retraçant leurs foiblesses passées,
Leurs actions, leurs discours, leurs pensées,
A chaque état ils reviennent dicter
Ce qu'il faut fuir, ce qu'il faut imiter;
Ce que chacun suivant ce qu'il peut être
Doit pratiquer, voir, entendre, connaître;
Et leur exemple en diverses façons
Donnant à tous les plus nobles leçons,
Rois, Magistrats, Législateurs suprêmes,
Princes, Guerriers, simples Citoyens mêmes
Dans ce sincère & fidèle miroir
Peuvent apprendre & lire leur devoir.
Ne pense pas pourtant qu'en ce langage
Je vienne ici préconiseur peu sage
Tenter ton zèle humble, religieux,
Par un encens à toi-même odieux.
Rassure-toi : non, j'ose te le dire,
Ce n'est pas toi, cher Rollin, que j'admire.
J'admire en toi, plus justement épris,
L'Auteur divin qui parle en tes écrits,
Qui par ta main retraçant ses miracles,
Qui par ta voix expliquant ses oracles,
T'a librement & pour prix de ta foi
Daigné choisir pour ce sublime emploi :

Mais qui pouvoit ſur tout autre en ta place
Faire à ſon choix tomber la même grace,
Et juſqu'à moi la laiſſer parvenir
S'il m'eût jugé digne de l'obtenir.
Il a voulu montrer par le ſuffrage
Dont ſa faveur couronne ton ouvrage,
Quelle diſtance il met entre celui
Qui comme toi ne ſe cherche qu'en lui,
Et tout eſprit qu'aveugle la fumée
De ce grand Rien qu'on nomme Renommée,
Fantôme errant qui nourri par le bruit,
Fuit qui le cherche, & cherche qui le fuit:
Mais qui du ſort enfant illégitime,
Et quelquefois miſerable victime,
N'eſt rien en ſoi qu'un être menſonger,
Une ombre vaine, accident paſſager
Qui ſuit le corps, bien ſouvent le précède,
Et plus ſouvent l'accourcit ou l'excède.
C'eſt lui pourtant, lui, dont tous les mortels
Viennent en foule encenſer les autels:
C'eſt cette idole à qui tout ſacrifie,
A qui durant tout le cours de leur vie
Grands & petits follement empreſſez
Offrent leurs vœux, ſouvent mal exaucez.

Non

Non que l'espoir d'un succès équitable
Dans son objet ait rien de condamnable ?
Ni que le cœur doive s'y refuser
Quand le principe est de s'y proposer
Du Roi des Rois la gloire souveraine,
Ou du prochain l'utilité certaine.
Mais si l'amour d'un chatouilleux encens
Enivre seul notre esprit & nos sens ;
Si rejettant la véritable gloire.
Nous nous bornons à l'honneur illusoire
De fasciner par nos foibles clartez
D'un vain public les yeux débilitez,
Sans consulter par d'utiles prieres
L'unique Auteur de toutes les lumieres ;
En quelque rang que le Ciel nous ait mis ;
Petits ou grands, ne soyons pas surpris
Qu'au-lieu d'encens, le dégoût populaire
De notre orgueil devienne le salaire ;
Ou que du moins nos succès éclatans,
Soient traversez par tous les contre-tems
Dont l'ignorance ou l'envie hypocrite
Troublent toujours tout aveugle mérite
Qui n'écoutant, n'envisageant que soi,
Borne à lui seul son objet & sa loi.

C'eſt-là peut-être, ami, je le confeſſe,
(Car c'eſt ainſi que l'orgueil nous abaiſſe)
Ce qui du Ciel irritant le courroux
M'a ſuſcité tant d'ennemis jaloux,
Qu'une brutale & lâche calomnie
Acharnée encor ſur ma vertu ternie,
Et qui toujours dans leurs propres couleurs
Cherchent la mienne & mes traits dans les leurs.
Triſte loyer, châtiment lamentable
D'un amour propre, il eſt vrai, plus traitable,
Et de vapeurs moins qu'un autre enivré,
Mais dans ſoi-même encor trop concentré,
Et ne cherchant dans ſes vains exercices
Qu'à contenter ſes volages caprices.
Quelques efforts qu'ait toutefois tenté
De leur courroux l'âpre malignité
Pour infecter l'air pur que je reſpire,
J'ai ſçu tirer au moins, ou pour mieux dire,
Le Ciel m'a fait tirer par ſes ſecours
Un double fruit de leurs affreux diſcours:
L'un d'entrevoir, que dis-je? de connaître
Dans ce fléau la juſtice d'un Maître
Qui ne tolere en eux des traits ſi faux,
Que pour punir en nous de vrais défaux:

L'autre

L'autre, d'apprendre à ne leur plus répondre
Que par des mœurs dignes de les confondre,
A les laiſſer croupir dans le mépris
Dont le Public les a déja flétris,
A fuir enfin toute eſcrime inégale
Qui d'eux à nous rempliroit l'intervale.
Car le danger de ſe voir inſulté
N'eſt pas reſtraint à la difficulté
De réfuter les fables Romancieres
De ces Fripiers d'impoſtures groſſieres,
Dont le venin non moins ſade qu'amer
Se fait vomir comme l'eau de la Mer;
Il eſt aiſé d'arrêter leurs vacarmes,
Et de les vaincre avec leurs propres armes;
Ce n'eſt pas là le danger capital:
Le vrai péril eſt le piége fatal
Que leur noirceur tend à notre innocence
Pour l'engager dans la même licence,
Pour la changer en colere, en aigreur,
En médiſance, en chicane, en fureur:
Nous réduiſant enfin pour tout ſommaire
A n'avoir plus nul reproche à leur faire,
Dès qu'envers nous leurs crimes perſonels
Nous ont rendus envers eux criminels.

Qu'arrive-t-il de ces lâches batailles,
De ces défis, embuches, représailles?
C'est qu'en croyant par l'effort de nos coups
Nous vanger d'eux, nous les vangeons de nous:
Qu'en travaillant sur de si faux modèles,
Nous devenons leurs copistes fidèles,
Donnant comme eux, ridicules Héros,
A nos dépens la Comédie aux sots;
Et leur montrant bassement avilie
Notre sagesse habillée en folie.
Le bel honneur! d'attrouper les passans
Au bruit honteux de nos cris indécens!
Quelle pitié de prendre ainsi le change!
N'allons donc point pour blâme ou pour louange
Dépaïser des talens estimez
Et du public peut-être réclamez,
En détournant leur légitime usage
A des emplois indignes d'un vrai sage;
Et nous vangeant par de plus nobles traits,
Songeons au fruit qu'à de bien moindres frais
Peut retirer un solide Mérite
Des ennemis que le sort lui suscite.
Tous ces travaux dont il est combattu
Sont l'aliment qui nourrit sa vertu.

Dans

Dans le repos elle s'endort ſans peine:
Mais les aſſauts la tiennent en haleine.
Un Ennemi, dit un célébre Auteur,
Eſt un ſoigneux & docte Précepteur,
Fâcheux par-fois, mais toujours ſalutaire,
Et qui nous ſert ſans gages ni ſalaire:
Dans ſes leçons plus utile cent fois
Que ces Amis dont la timide voix
Craint d'éveiller notre eſprit qui ſommeille,
Par des accens trop durs à notre oreille.
A qui des deux en effet m'adreſſer
Dans les beſoins dont je me ſens preſſer?
Eſt-ce au Flatteur qui me loue & m'encenſe?
Eſt-ce à l'Ami qui me tait ce qu'il penſe?
Par tous les deux ſéduit au même point,
Mon Ennemi ſeul ne me trompe point.
Du foible Ami dépouillant la moleſſe,
Du vil Flatteur dédaignant la ſoupleſſe,
Son émétique eſt un breuvage heureux,
Souvent utile, & jamais dangereux.
Car ſi celui dont la main le prépare
D'empoiſonneur porte déja la tare,
Qu'ai-je à riſquer? de ſon venin chétif,
Son venin même eſt le préſervatif,

S'il m'a taxé d'une infirmité feinte:
La Verité du même coup atteinte
Sçaura bientôt trouver plus d'un moyen
Pour rétablir son crédit & le mien.
Mais par malheur, si d'un mal véritable
Il trouve en moi le signe indubitable:
S'il m'avertit par ses cris pointilleux,
D'un vrai levain, d'un ferment périlleux
Qui de mon sang altere la substance:
Alors sa haine, & la noire constance
Dont me poursuit son courroux effronté,
Sans qu'il y songe, avancent ma santé:
C'est une épée, un glaive favorable,
Qui dans ses mains malgré lui secourable,
M'ouvrant le flanc pour abreger mon sort,
Perce l'abscès qui me donnoit la mort.
Si je guéris, l'intention contraire
De l'assassin ne fait rien à l'affaire;
De son forfait toute l'utilité
Reste à moi seul, à lui l'iniquité.
C'est donc à l'homme envers la Providence
Une bien folle & bien haute imprudence,
D'attribuer à son inimitié
Ce qui souvent n'est dû qu'à sa pitié.

Ces

Ces contre-tems, ces tristes avantures
Sont bien plutôt d'heureuses conjonctures
Dont le concours l'assiste & le soutient,
Non comme il veut, mais comme il lui convient.
L'Etre suprême en ses loix adorables,
Par des ressorts toujours impénétrables,
Fait quand il veut des maux les plus outrez
Naître les biens les plus inesperez.
A quel propos vouloir donc par caprice
Intervertir l'ordre de sa justice;
Et la tenter par d'aveugles regrets,
Ou par des vœux encor plus indiscrets?
O si du Ciel la bonté légitime
Daignoit enfin du malheur qui m'opprime
Faire cesser le cours injurieux!
Si son flambeau dessillant tous les yeux
A ma vertu si long-tems poursuivie
Rendoit l'éclat dont l'implacable Envie
Sous l'épaisseur de ses brouillards obscurs
Offusque encor les rayons les plus purs!
Cette priere innocente & soumise,
Je l'avoûrai, peut vous être permise:
Vous en avez légitimé l'ardeur
Par votre vie & par votre candeur:

Votre

Votre innocence inflexible & robuſte
N'a point plié ſous un pouvoir injuſte:
Votre devoir eſt rempli. Tout va bien :
Soyez en paix : le Ciel fera le ſien.
Il a voulu ſe réſerver la gloire
De ſon triomphe & de votre victoire,
Et prévenir en vous la vanité
Qu'en votre cœur eût peut-être excité
Une facile & promte réuſſite
Attribuée à votre ſeul mérite:
Vous épargnant ainſi le dur fardeau
Et les rigueurs d'un châtiment nouveau.
Dans nos ſouhaits, aveugles que nous ſommes,
Nous ignorons le vrai bonheur des Hommes;
Nous le bornons aux fragiles honneurs,
Aux vanitez, aux plaiſirs ſuborneurs;
A captiver l'eſtime populaire;
A raſſembler tout ce qui peut nous plaire;
A nous tirer du rang de nos égaux;
A ſurmonter enfin tous nos Rivaux.
Bonheur fatal! dangereuſe fortune;
Et que le Ciel, que ſouvent importune
L'avidité de nos trompeurs deſirs,
Dans ſa colere accorde à nos ſoupirs.

Ce n'eſt jamais qu'au moment de ſa chute,
Que notre orgueil voit du rang qu'il diſpute
La redoutable & profonde hauteur.
Ce Courtiſan qu'enivre un vent flatteur
Vient d'obtenir par ſa brigue funeſte
La place dûe au mérite modeſte :
Pour l'exalter tout ſemble réuni :
Il eſt content. Dites qu'il eſt puni.
Il lui falloit cette place éclairée,
Pour mettre en jour ſa miſere ignorée.
N'allons donc plus par de folles ferveurs
Preſcrire au Ciel ſes dons & ſes faveurs.
Demandons-lui la prudence équitable,
La piété ſincere, charitable ;
Demandons-lui ſa grace, ſon amour:
Et s'il devoit nous arriver un jour
De fatiguer ſa facile indulgence
Par d'autres vœux, pourvoyons-nous d'avance
D'aſſez de zèle & d'aſſez de vertus
Pour devenir dignes de ſes refus.

FIN.

A P.

APPROBATION.

J'Ai lu par l'ordre de Monſeigneur le Garde des Sceaux trois nouvelles Epitres du Sieur Rouſſeau, & je crois qu'elles feront agréablement reçues du Public. A Paris, ce 22. Juin 1736.

Signé, LASERRE.

www.ingramcontent.com/pod-product-compliance
Lightning Source LLC
LaVergne TN
LVHW021527140926
848035LV00047B/1230
9782014113075